BEI GRIN MACHT SICH IHR
WISSEN BEZAHLT

- Wir veröffentlichen Ihre Hausarbeit,
  Bachelor- und Masterarbeit

- Ihr eigenes eBook und Buch -
  weltweit in allen wichtigen Shops

- Verdienen Sie an jedem Verkauf

Jetzt bei www.GRIN.com hochladen
und kostenlos publizieren

Christos-Athenagoras Ziliaskopoulos

Pastoraler Dienst der Orthodoxen Kirche. Krankenhaus-Seelsorge in Deutschland

GRIN Verlag

Bibliografische Information der Deutschen Nationalbibliothek:

Die Deutsche Bibliothek verzeichnet diese Publikation in der Deutschen National-
bibliografie; detaillierte bibliografische Daten sind im Internet über http://dnb.d-
nb.de/ abrufbar.

Impressum:

Copyright © 2012 GRIN Verlag GmbH
Druck und Bindung: Books on Demand GmbH, Norderstedt Germany
ISBN: 978-3-656-21943-9

Dieses Buch bei GRIN:

http://www.grin.com/de/e-book/195738/pastoraler-dienst-der-orthodoxen-kirche-
krankenhaus-seelsorge-in-deutschland

GRIN - Your knowledge has value

Der GRIN Verlag publiziert seit 1998 wissenschaftliche Arbeiten von Studenten, Hochschullehrern und anderen Akademikern als eBook und gedrucktes Buch. Die Verlagswebsite www.grin.com ist die ideale Plattform zur Veröffentlichung von Hausarbeiten, Abschlussarbeiten, wissenschaftlichen Aufsätzen, Dissertationen und Fachbüchern.

Besuchen Sie uns im Internet:

http://www.grin.com/

http://www.facebook.com/grincom

http://www.twitter.com/grin_com

Dr. Christos-Athenagoras Ziliaskopoulos

Archimandrit des Ökumenischen Patriarchats

Pastoraler Dienst der Orthodoxen Kirche. Krankenhaus-Seelsorge in Deutschland

Ein Essay

FRANKFURT AM MAIN 2012

Grundlinien orthodoxer Seelsorge

Die Orthodoxe Kirche versteht ihre Sendung in der Welt als eine Diakonie. Evangelisierung und Dienst an den Mitmenschen sind zwei untrennbare Parameter christlichen Lebens. Es heißt im Matthäus-Evangelium: *Kommt her, die ihr von meinem Vater gesegnet seid, nehmt das Reich in Besitz, das seit der Erschaffung der Welt für euch bestimmt ist. Denn ich war hungrig und ihr habt mir zu essen gegeben; ich war durstig und ihr habt mir zu trinken gegeben; ich war fremd und obdachlos und ihr habt mich aufgenommen; ich war nackt und ihr habt mir Kleidung gegeben; ich war krank und ihr habt mich besucht; ich war im Gefängnis und ihr seid zu mir gekommen... Amen, ich sage euch: Was ihr für einen meiner geringsten Brüder getan habt, das habt ihr mir getan.* (Mat. 25, 34-36 und 40). Weiterhin ist die Fürsorge der Kirche für Kranke und Notleidende in der Heiligen Schrift belegt: *Ist einer von euch krank? Dann rufe er die Presbyter der Kirche zu sich; sie sollen Gebete über ihn sprechen und ihn im Namen des Herrn mit Öl salben. Das Gebet des Glaubens wird den Kranken retten und der Herr wird ihn aufrichten; auch wenn er Sünden begangen hat, werden sie ihm vergeben.* (Jak. 5, 14-15). Gerade in diesem Zitat wird die zweifache Dimension der Diakonie an Mitmenschen deutlich. Die Kirche ersucht im Gebet nicht nur die körperliche Genesung des Kranken, sondern auch das Heil seiner Seele. Die Kirche betrachtet den Menschen als eine Einheit. Körper, Geist und Seele in absoluter Harmonie, nach wunderbarer göttlicher Vorsehung. Leidet ein Teil dieses „Trisyntheton[1]", dann leidet der Mensch als Ganzes. Die Kirche weiß, dass der Kranke an erster Stelle geistliche Unterstützung im Gebet und im Sakrament braucht. Deswegen ist im Sinne der Orthodoxen Kirche der Dienst in den Krankenhäusern durchdrungen vom Geist der Nächstenliebe. Der Kranke braucht in seiner schwierigen Situation heilende Hoffnung. Nicht nur der Kranke sondern

---

[1] Τρισύνθετον (gr), trisynthetic (en) : das Dreifache.

auch seine Angehörigen, die mit ihm leiden, benötigen geistliche Führung und Hilfe um diese Probe des Lebens zu bestehen. Nicht zuletzt sucht jeder Christ in der Nächstenliebe Gott selbst. Der Mensch ist als Geschöpf „nach dem Bild und der Ähnlichkeit" Gottes kein statisches, sondern ein ekstatisches Sein (Mantzaridis 1998:9ff). Er muss aus sich selbst rausgehen und sich auf die Suche begeben. Er existiert in Verbindung und im Hinblick auf Gott und die Mitmenschen. Die Vollendung seines Seins ist die Einigung mit Gott selbst (Mantzaridis 1998: 29). Der Weg dorthin führt durch die uneigennützige Diakonie an den Mitmenschen. Nichts bringt den Menschen so nahe an Gott heran als die Liebe und die Wohltätigkeit (Mantzaridis 1998: 33). „Ahme Gottes Erbarmen nach und werde für die Notleidenden ein Gott" (Gregor der Theologe: Oratio 14, 35-37), sagt der Heilige Gregor der Theologe. Gott ist *menschenliebend*. Er ist voll Erbarmen. *„Wie Gott alle Mensche liebt, so liebt auch der Nachahmer Gottes ohne Unterschied Böse und Gute und betet für Gerechte und Ungerechte."* (Origenes: Comment)

Basis der zwischenmenschlichen Kommunikation ist der Dialog. Die Kirche befindet sich im ständigen Dialog mit der Welt und den Menschen. Sie erfährt den Dialog als Grundlage für die Verbreitung des Erlösungswerkes Christi. Konkreter im Fall der Seelsorge besteht eine Kommunikation durch Dialog zwischen Seelsorger und Notleidenden. Der Erfolg diesen Dialogs ist von grundlegender Bedeutung für den pastoralen Dienst der Kirche. Die Rolle des Seelsorgers ist in diesem Zusammenhang herausragend und für den Erfolg der Diakonie bedeutend. Das heißt, dass der Seelsorger bestimmte Voraussetzungen erfüllen muss und von menschlicher „Schwäche" befreit sein muss (Βάντσου, Χρήστου 1990: 46). Er sollte Mut aus dem Glauben schöpfen und in der Lage sein Mut und Hoffnung zu spenden. Seine Ausbildung, seine persönliche Gaben, seine Ausstrahlung und besonders seine Fähigkeit mit den Menschen zu kommunizieren sind ausschlaggebend für seinen für die Kirche so wichtigen Dienst. Seine Fähigkeit in den Seelen der Menschen zu sprechen und diese Teilhaber der Gnade Gottes zu machen ist die Basis der christlichen Seelsorge. Der Seelsorger stellt sich dem Leid und nimmt im Gebet die Last des Leidenden auf. Der Erfolg des Dialogs hängt andererseits auch vom geistlichen und seelischen Zustand des Kranken ab. Natürlich ist ein tief verwurzelter Glaube die beste Vorraussetzung für den Erfolg der Diakonie (Βάντσου, Χρήστου 1990: 46). Die größte Gefahr für einen Gläubigen sind Verzweiflung und Entmutigung, die seinen Geist überfallen, wenn er einer göttlichen Prüfung gestellt wird. Gerade dann ist der unterstützende Beistand eines erfahrenen Seelsorgers und geistliche Begleitung von unschätzbarem Wert. Die Grundlinie also orthodoxer Seelsorge geht vom Respekt an das menschliche Leben aus und führt über das göttliche Gebot der Nächstenliebe an die Communio mit Gott selbst.

Die Seelsorge, wie jede andere pastorale Handlung auch, wird immer im liturgischen und sakramentalen Leben der Kirche eingegliedert. In jedem orthodoxen Gottesdienst wird für *die Kranken, die Notleidenden und um ihr Heil* gebetet. Besonders in der Eucharistiefeier, der Göttlichen Liturgie, werden die Sorgen, die Lasten, ja das Leid aller Menschen von Christus selbst aufgenommen. Die Gemeinschaft aller Menschen, Gesunden wie Kranken, mit Christus ist von höchster Priorität im Leben der Gläubigen. In der Göttlichen Liturgie hat man Teil an das Leben, an das Wirken, an den dreitägigen Tod, an die Auferstehung, an die Himmelfahrt und an die zukünftige Wiederkunft Christi. Gleichzeitig teilt man auch das Leiden und den Schmerz der ganzen Welt. Im Glauben aber an die Auferstehung und an der Hoffnung für das Wiederkommen des Erlösers wird jedes menschliche Leiden gelindert und jedes Hindernis überwunden. Im Hinblick auf den Zustand des Todes, sowie der furchtbaren Angst vor dem Tod, ist die Auferstehung Christi die beste Garantie für das ewige Leben.

Im heiligen Sakrament der Krankensalbung, das in An- oder auch Abwesenheit der Kranken gebetet wird, wird noch mal sichtlich, durch die Salbung mit dem geweihten Öl, das Erbarmen Gottes für den Menschen betont. So wie reines Olivenöl körperliche Krankheiten auf natürlich Weise heilen kann, so umarmt Gott durch Sein Erbarmen und heilt den Kranken. Der Glaube macht es möglich. Des weiteren stellt die kleine oder große Gemeinschaft, die sich zum Gottesdienst der Krankensalbung um das Krankenbett versammelt, den Kreis der Engel und der Heiligen dar, die stets Fürbitte für die Menschen halten.

Krankenhausseelsorge in der Weltorthodoxie

Die Orthodoxe Kirche versteht sich als die Eine Heilige Katholische[2] und Apostolische Kirche. Sie ist weltweit in vier alte und fünf neue Patriarchate, in fünf autokephale und zwei autonome Kirchen geteilt. Alle orthodoxe Kirchen eint der Glaube an die Dreieinigkeit Gottes und die zwei Naturen Christi, die von Gott offenbarte Heilige Schrift (Altes und Neues Testament), die einheitliche liturgische Tradition und das gemeinsame kanonische Recht. Da jedes Patriarchat und jede autokephale oder autonome Kirche selbstständig ist gibt es keine einheitliche Organisationsstruktur in der Krankenhaus-Seelsorge. In überwiegend orthodoxen Ländern werden Priester für die Betreuung der Krankenhäuser eingesetzt oder die Krankenhäuser werden einer Ortsgemeinde für die pastorale Betreuung unterstellt. In Ländern in denen die orthodoxen Christen in der Minderheit sind, wird der pastorale Dienst an Kranken und Krankenhäusern von den örtlichen Kirchengemeinden, meistens unter der Leitung des Gemeindepfarrers und in Zusammenarbeit mit ehrenamtlichen Mitgliedern, organisiert.

---

[2] Aus dem griechischen Wort καθολική (katholike), was als „weltweit" oder „allgemein" interpretiert wird.

Darüber hinaus bestehen auch karitative Organisationen und Verbände die von der Kirche direkt oder in Kooperation betreut werden. Neben den geweihten Personen, denen Seelsorge aufgetragen wird, besteht eine nicht geringe Zahl von Laien, die als Seelsorger, im Sinne der Fürsorge für die kranken Mitglieder der kirchlichen Gemeinschaft, tätig sind. Letztere stehen immer mit einem oder mehreren Geistlichen in Verbindung und informieren diese für Zustand und Genesung der Kranken. Sie sorgen hauptsächlich für seelischen Beistand und Standhaftigkeit des Leidenden im Glauben.

Orthodoxe Krankenhausseelsorge in Deutschland

Im 17. Jh. gab es schon in Leipzig eine orthodoxe Hauskapelle für griechische Handelsleute. Die erste jedoch orthodoxe Kirchengemeinde entstand 1829 in München. Die historische Salvatorkirche dient seither als orthodoxes Gotteshaus im Zentrum der bayerischen Hauptstadt. Russiche Emigranten gründeten weiter Gemeinden in der Zeit vor dem 2. Weltkrieg. Der Strom der Gastarbeiter aus Griechenland und Serbien in den Sechzigern und Siebzigern und die Zuwanderung zahlreicher Osteuropäer nach dem Fall des eisernen Vorhangs behalfen den Zuwachs der Orthodoxie in Deutschland enorm. Die Migranten brachten so zu sagen in ihren Koffern auch den orthodoxen Glauben mit sich. Auch eine Zahl von Deutschen, die zur Orthodoxie konvertiert sind, vervollständigen das bunte Bild der orthodoxen Kirchengemeinden in Deutschland. Es ist erstaunlich, dass orthodoxe Christen, gleich nach ihrer Ankunft sich in Kirchengemeinden organisieren, die einen stark nationalen Charakter haben. Man bemüht sich nicht nur um Erfüllung der gottesdienstlichen Pflicht und die Bewahrung des orthodoxen Glaubens, sondern auch um den Aufbau einer kleinen „Heimat" in der Fremde. Der Gottesdienst ist nicht nur eine Form des Betens, sondern auch eine Art einerseits Orthodoxie weiter zu erleben und andererseits nationale Identität zu bewahren. Heute leben ca 1,5 Millionen orthodoxe Christen in der BRD. Diese werden von 11 Diözesen betreut werden. Die Orthodoxe Bischofskonferenz in Deutschland (OBKD), bestehend aus 16 Metropolitan-, Diözesan- und Vikarbischöfe, stellt das gemeinsame und höchste Gremium der Orthodoxen bundesweit dar. *Zweck der Bischofskonferenz ist es, die Einheit der Orthodoxen Kirche sichtbar zu machen, die Zusammenarbeit der Kirchen in allen Bereichen des pastoralen Dienstes zu intensivieren, die Interessen der Gemeinden, die den orthodoxen kanonischen Bischöfen Deutschlands unterstehen, zu unterstützen, zu wahren und zu fördern (*Satzung der Orthodoxen Bischofskonferenz in Deutschland: Art. 2). *Die Kompetenzen der Bischofskonferenz sind (...) Die Koordination und die Förderung von Aktivitäten, die von allgemeinem Interesse sind, in den Bereichen der Seelsorge, der Katechese, des liturgischen Lebens, der Herausgabe von religiöser Literatur, der Massenmedien, der kirchlichen Erziehung etc* (ebd: Art. 5, 1 b). Neuerdings sind viele orthodoxe Ortsgemeinden bemüht sich in Pfarrkonferenzen zusammenzuschließen um besser in der Gesellschaft zu arbeiten.

Orthodoxe Geistliche und Vorsteher der Kirchengemeinden waren die Jahre zuvor mit dem Aufbau und der Organisation der neu gegründeten Kirchengemeinden beschäftigt. Somit viel die Gewichtung auf strukturierter Krankenhausseelsorge eher rar aus. Jedoch gehört diese zu den pastoralen Pflichten eines jeden orthodoxen Geistlichen. Da die meisten orthodoxen Pfarrer im Ausland ausgebildet wurden, waren und sind teilweise bis heute jene Neuankömmlinge der hiesigen Situation nicht gewachsen. Eine weitere Barriere stellt oftmals die Sprache dar. Viele Pfarrer kommen schon geweiht nach Deutschland und brauchen Zeit für Angewöhnung und Anpassung. Bei solchen Situationen ist die Rolle der Ehrenamtlichen, die der deutschen Sprache mächtig sind, sich mehr oder weniger in Deutschland auskennen und die Belange einer jeden Gemeinde gar eines jeden Kirchenmitglieds kennen, von großer Bedeutung. Abgesehen davon ist es ein besonderes Charakteristikum fast aller orthodoxer Gläubigen sich von der Kirche bzw. vom Gemeindepfarrer in allen freudigen und traurigen Stationen des Lebens begleiten zu lassen. Auch wenn der Pfarrer eine Familie oder ein Kirchenmitglied nicht kennt, wird er z.B. in das Krankenheus oder im Haus eingeladen um ein Gebet zu sprechen, das Sakrament der Krankensalbung zu spenden, die Beichte abzunehmen oder die Heiligen Gaben zu überreichen. Parallel wird geistlicher Beistand, Begleitung in der Not und seelische Unterstützung erwünscht und erwartet. Jeder Haus- und Krankenhausbesuch bereitet somit dem Seelsorger eine Herausforderung zu. Neben all seinen anderen Tätigkeit muss er die Zeit finden, auch mitten in der Nacht, sich der Situation zu stellen und fürsorglich sich um den leidenden Menschen und seinen Angehörigen kümmern.

Hat der orthodoxe Seelsorger in einem orthodoxen Land womöglich 24-stündigen freien Zugang zu einem Krankenhaus, muss er sich in Deutschland damit abfinden, dass dies hierzulande nicht immer möglich ist. Außerdem bekommt der Seelsorger nicht immer Informationen über die Zahl orthodoxer Patienten in einem Krankenhaus, da diese nicht nach Konfession sondern nach Staatsangehörigkeit registriert werden. Um so schwieriger wenn es um deutsche Staatsbürger geht. Der Seelsorger muss sich entweder auf die Einladung des Patienten, seiner Familienangehörige oder dritter Personen verlassen, oder die Krankenhäuser auf gut Glück besuchen. Meistens ist ersteres der Fall. Diesbezüglich gibt es zwei Wege an Informationen über orthodoxe Patienten zu gelangen: 1. Beziehungen mit evangelischen, katholischen oder anderen Krankenhausseelsorgern aufnehmen und pflegen und 2. Die Leitung der Krankenhäuser oder der einzelnen Stationen mit

Informationen für orthodoxe Seelsorge beliefern (meistens reichen Name und Telefonnummer). Heute gilt allgemein, dass selbst die Krankehausseelsorger, die Stationsschwestern oder auch die Sozialarbeiter einen orthodoxen Geistlichen auf Wunsch des Patienten oder seiner Familie einladen. Fazit ist: gute und gepflegte Beziehungen können alle Krankenhaustüren öffnen. Aus eigener Erfahrung kann ich berichten, dass, außer bei einem Fall in der Psychiatrie, wo der behandelte Arzt zurecht und für das Wohl des Patienten einen Besuch für unangemessen empfand, keinerlei besondere Schwierigkeiten zu überwinden waren. In einigen Krankenhäusern ist es sogar möglich nach Absprache orthodoxe Gottesdienste in den christlichen Gebetsräumen oder in den Kapellen zu feiern.

Das Erscheinungsbild eines orthodoxen Geistlichen (Talar, Rasson, Sutane, Kopfbedeckung, Bart) ist eine Selbstverständlichkeit in orthodoxen Ländern. In Deutschland jedoch etwas exotisches. „Was sind Sie?" ist die gängige Frage. Man ist mit diesem Bild nicht vertraut und es kann manchmal zu Irritationen führen. Nicht selten wird man eher für einen muslimischen Geistlichen gehalten. Ich muss immer noch über die Situation in einem Krankenhaus lachen wo mich die Stationsschwester mit den Worten empfing: Oh es handelt sich um ein Irrtum! Wir wollten einen christlichen und keinen muslimischen Geistlichen für den Patienten X einladen. Desto trotz sind die positive Erfahrungen überragend. Man wird allgemein als Geistlicher respektiert, man lernt dadurch auch andere Patienten, gar orthodoxe Krankenhausmitarbeiter kennen, oder man nutzt die Gelegenheit die Orthodoxie bekannter zu machen.

Eine Besonderheit orthodoxer Krankenhausseelsorge stellt folgendes dar: oft, und das ist ein tief verwurzelter Brauch vieler Gläubiger, erwartet den Seelsorger bei einem Krankenhaus bzw. Pflege-, Altersheim, oder Palliativstation, nicht nur der Kranke sondern auch eine größere Zahl von engen oder fernen Verwandten und Freunde. Konkreter bedeutet dies, dass nicht nur der Patient sondern auch die Angehörigen bedürfen geistlicher und seelischer Unterstützung.

Probleme orthodoxer Krankenhausseelsorge in Deutschland

Im Vergleich zu der evangelischen und katholischen Krankenhausseelsorge hat die orthodoxe Krankenhausseelsorge folgende Probleme zu lösen:

- Krankenhausseelsorge wird hauptsächlich von ordinierten Personen (Priester und evtl. auch Diakone)[3] betrieben. Ehrenamtliche und freiwillige Laien agieren eher als Helfer in der Not.

- Viele Pfarrer sind keine Theologen, da dies in den meisten Orthodoxen Kirchen keine Pflicht für die Priesterweihe sei. Deshalb kann eine pastorale /seelsorgerische Ausbildung im akademischen Sinne nicht vorausgesetzt werden. Man lernt eher durch die Praxis. Kein orthodoxer Geistlicher wird speziell zum Krankenhausseelsorger ausgebildet. Auch wenn er eine theologische Ausbildung genoss, fiel der Schwerpunkt eher auf theologische, pastorale (im Sinne der Gemeindearbeit und -Praxis) und liturgische und weniger auf seelsorgerische Basis. Die Ausbildung auf Krankenhausseelsorge ist wenig verbreitet und hängt stark vom Willen einer Ortskirche oder eines Bistums ab.[4]

---

[3] In der Orthodoxen Kirche werden nur Männer zu Diakone, Priester und Bischöfen geweiht.

[4] Als lobenswertes und federführendes Beispiel gilt die Initiative des Ökumenischen Patriarchats eine Reihe von Konferenzen mit orthodoxen Vertretern aus der ganzen Welt zum Thema: Pastorale Diakonie im Gesundheitsbereich, zu organisieren. Die erste fand vom 8. bis 12.10.2008 und die zweite vom 12. bis 16.10.2011 beide auf Rhodos statt. Offiziele Internetseite: http://www.pastoralhealth-ep.com/index.html (Stand: 02.05.2012).

- In Deutschland gibt es keinerlei Fortbildungsmöglichkeiten im Bereich orthodoxer Krankenhausseelsorge.

- Es gibt keinerlei Verträge mit Kommunen oder Krankenhäuser für die Entwicklung systematischer orthodoxer Krankenhausseelsorge.

- Wie gut oder wie schlecht orthodoxe Krankehausseelsorge vor Ort organisiert ist, hängt von der Person des Gemeindepfarrers und seiner Fähigkeiten ab.

Fazit

Krankenhausseelsorge gehört zu den wichtigsten Bereichen orthodoxer pastoraler Diakonie. Ein orthodoxer Krankenhausseelsorger sollte durch seine besonders entwickelten Fähigkeiten und wenn möglich durch gute Aus- und Fortbildung, Mut zum Glauben und zur Ausübung der Geduld in der Zeit der Schwäche am Krankenbett vermitteln können. Wichtig ist, dass der Seelsorger ökumenisch aufgeschlossen ist und den, für die weitere Entwicklung orthodoxer Krankenhausseelsorge, so wichtigen Dialog mit evangelischen und katholischen Krankenhausseelsorgern aufsucht. Gute Kontakte mit Leitung und Personal der Krankenhäuser ist ebenso unablässig. Da die Orthodoxie noch eine junge Konfession in Deutschland ist und sich stets um bessere Organisation bemüht, ist eine ausgeprägte und organisatorisch strukturierte Krankenhausseelsorge noch nicht möglich. Unser aller Hoffnung jedoch ist auf Gott, der aus dem unmöglichen mögliches macht.

Literatur

Griechische:

- ΒΑΝΤΣΟΥ, ΧΡΗΣΤΟΥ: Θέματα πομαντικής ψυχολογίας, Θεσσαλονίκη ³1990, 46.

Deutsche:

- GREGOR DER THEOLOGE: Oratio 14, 35-37, PG 35, 892C-893A.

- MANTZARIDIS, GEORGIOS: Grundlinien christlicher Ethik, in: Nikolaou, Theodor (Hg.): Münchener Universitätsschriften. Reihe: Veröffemtlichungen des Instituts für orthodoxe Theologie, Band 6, München: EOS Verlag-Erzabtei St. Ottilien, 1998, 9ff.

- ORIGENES: Comment. In Johan. Tomus 20, 17 (15), PG 14, 612C.

Internet:

- Satzung der Orthodoxen Bischofskonferenz in Deutschland: Art. 2. In: http://www.obkd.de/Texte/OBKD%20-%20Satzung.pdf (Stand: 27.04.2012).

- Pastoral Health Care of the Ecumenical Patriarchate. Offiziele Internetseite: http://www.pastoralhealth-ep.com/index.html (Stand: 02.05.2012).